A
Alligator
a
Car

# Raccoon

# Squirrel

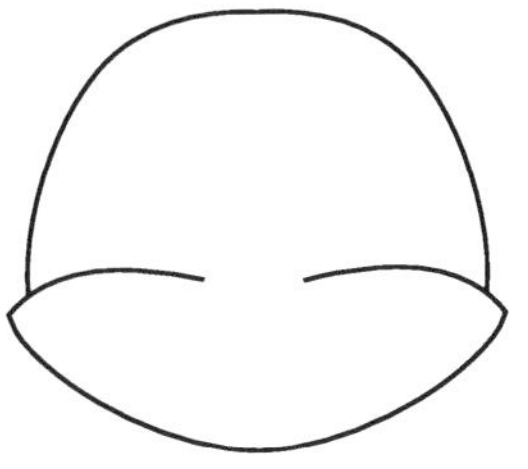

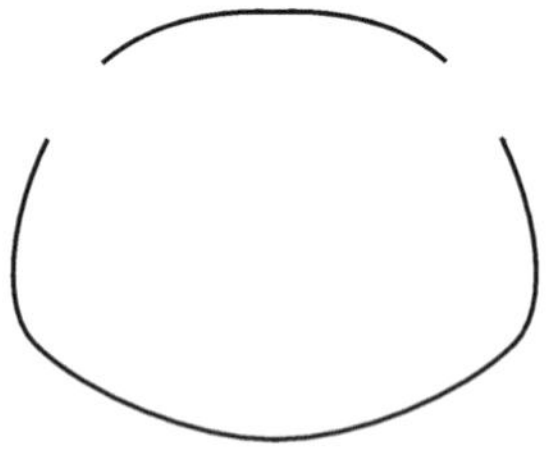

# Bear

# Fawn

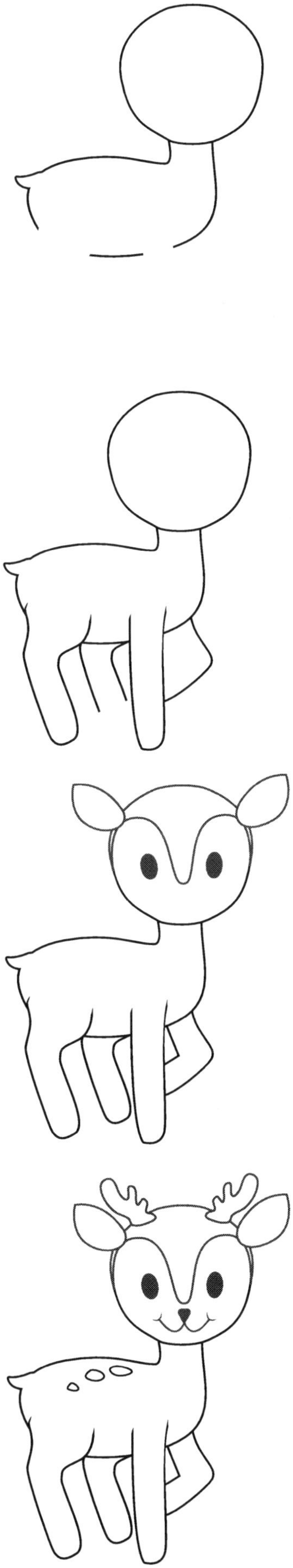

# Fox

# Rabbit

# Kangaroo

# Bird

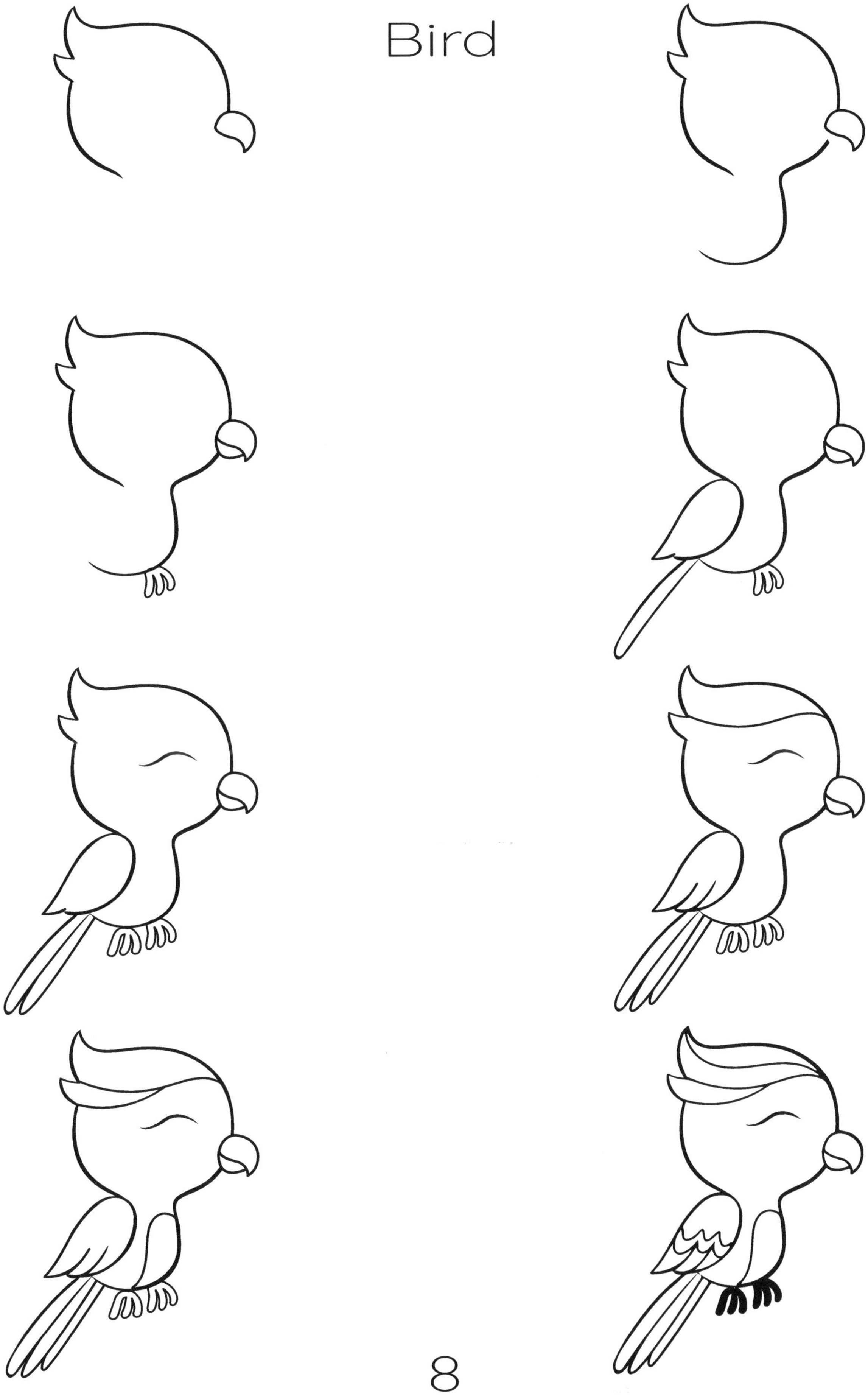

# Butterfly

# Koala

# Crocodile

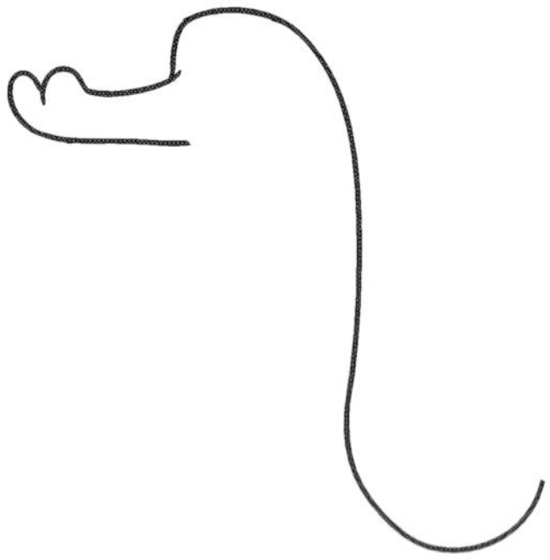

# Elephant

# Frog

# Shark

# Bat

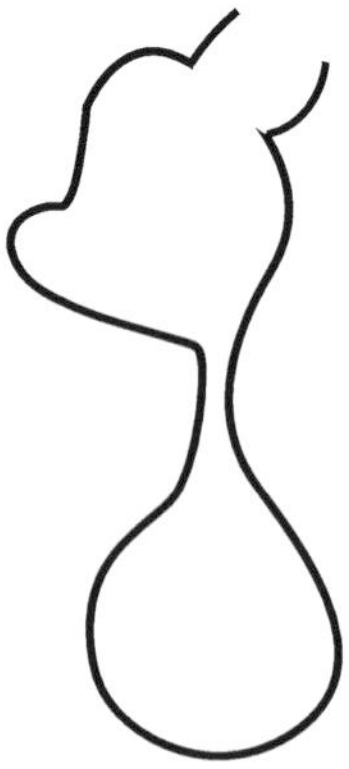

# Rat

# Otter

# Camel

# Cat

# Chicken

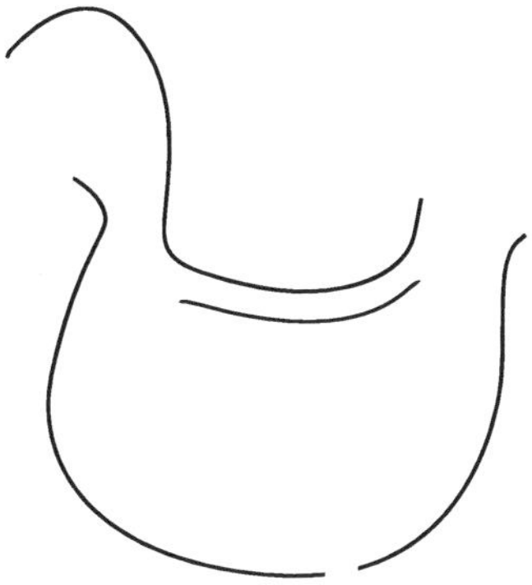

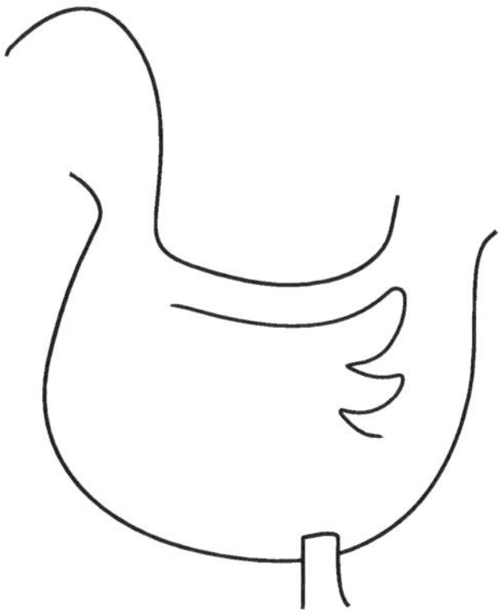

# Cow

# Crab

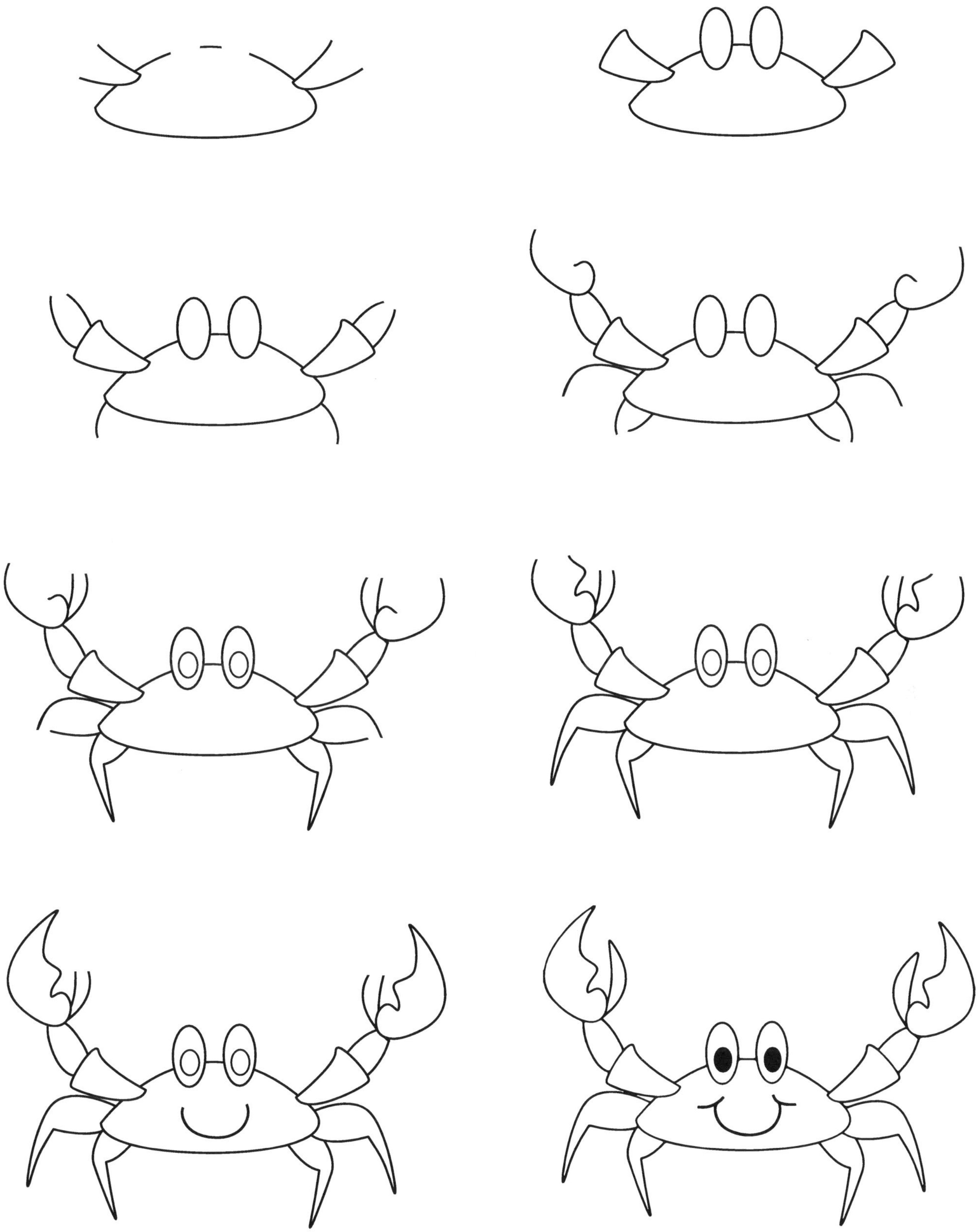

# Dog

# Flamingo

# Giraffe

# Gorilla

# Hippo

# Horse

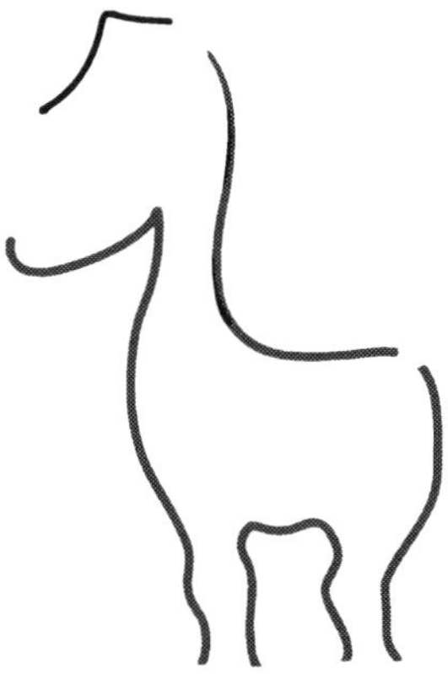

# Iguana

# Monkey

# Moose

# Mouse

# Rhino

# Octopus

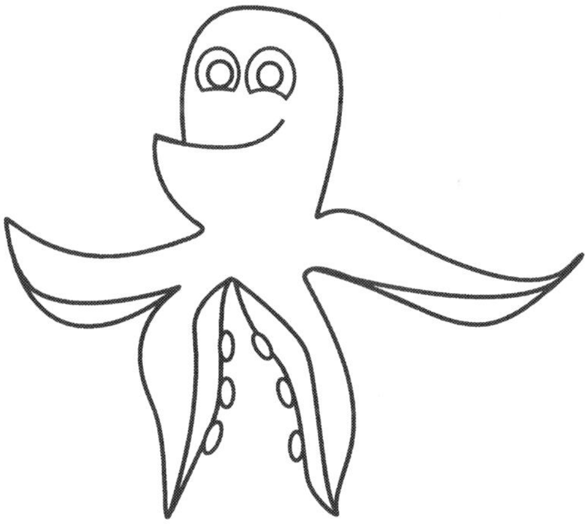

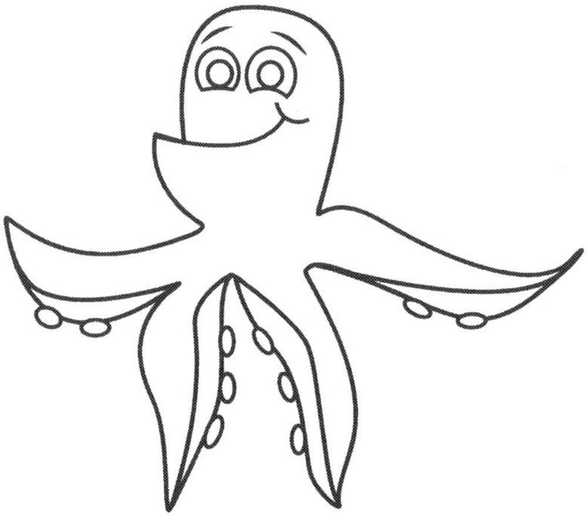

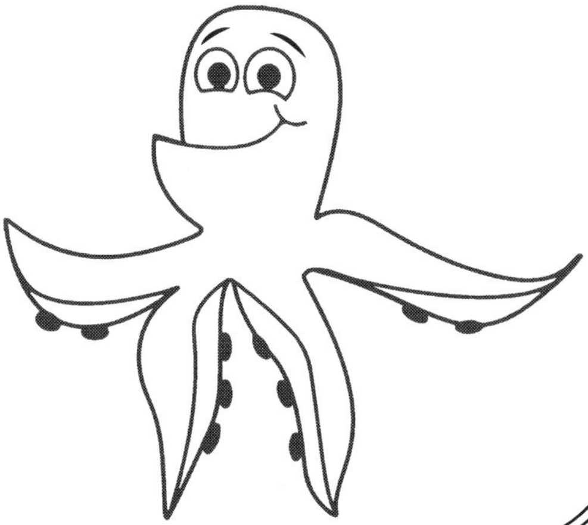

# Panda

# Penguin

# Pig

# Sheep

# Seahorse

Seal

# Snail

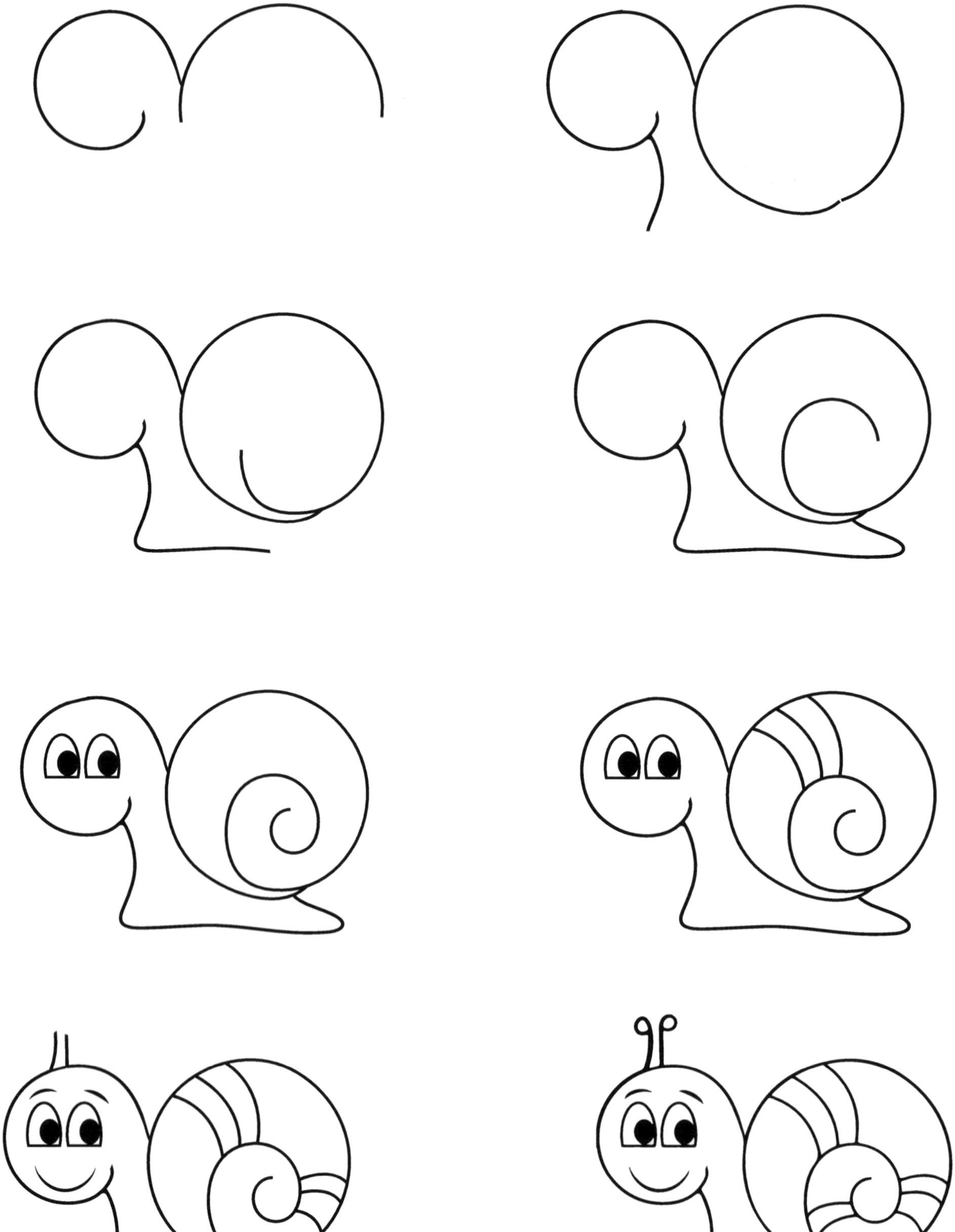

# Zebra

# Snake

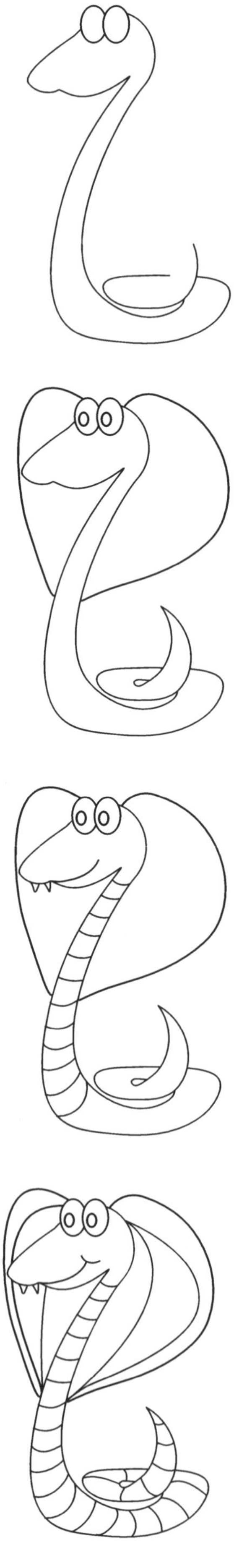

# Spider

# Tiger

# Toucan

# Emu

# Sloth

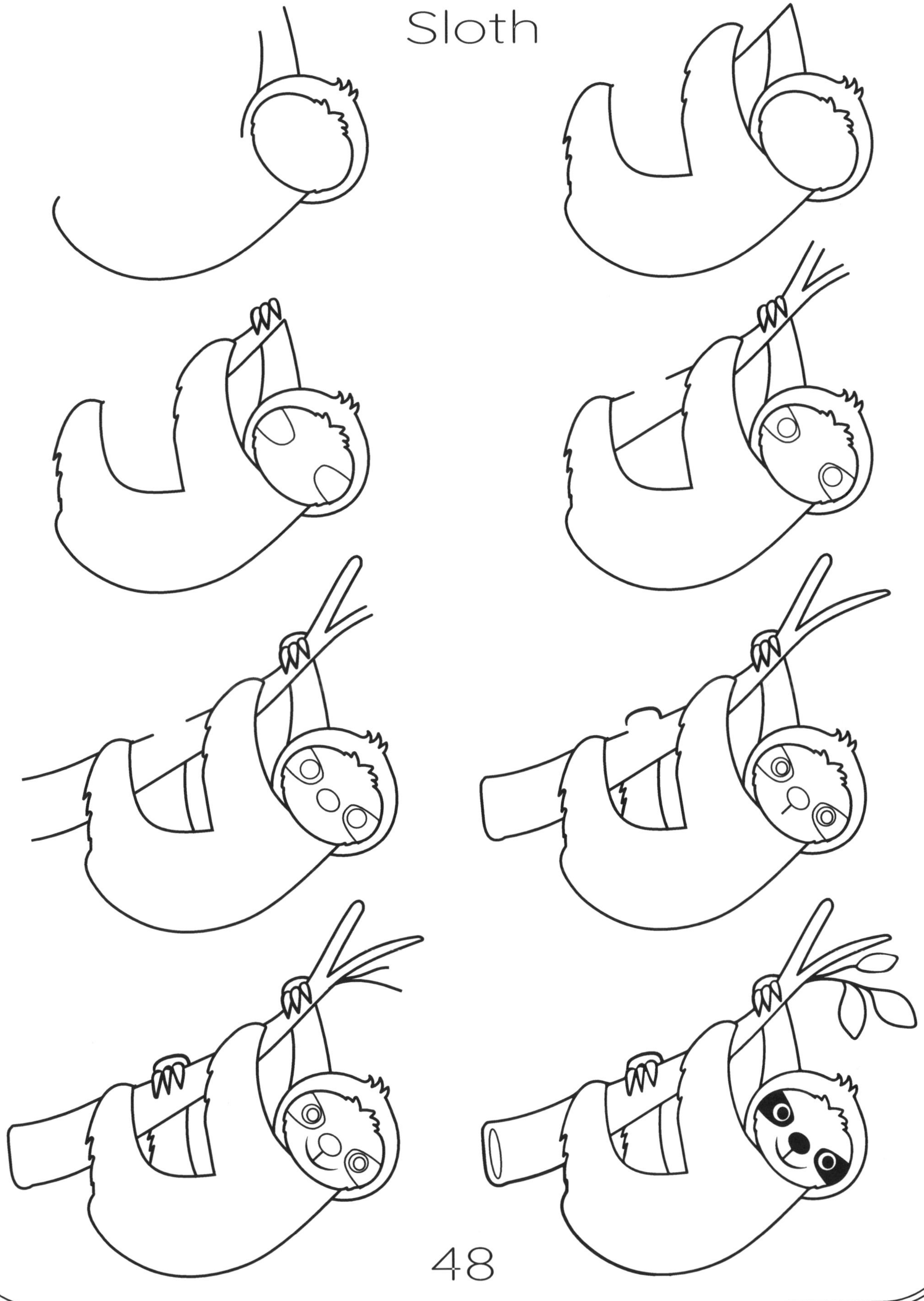

# Fish

# Lion

Made in the USA
Monee, IL
28 April 2021

67180889R00028